LETTRE

A MONSIEUR PINOT,

Ancien Curé de Mazé,

EN RÉPONSE A SON MÉMOIRE.

ANGERS,

L. PAVIE, IMPRIMEUR DU ROI, DE M. LE PRÉFET ET DE M.gr L'ÉVÊQUE.

1826.

Lettre

A MONSIEUR PINOT,

Ancien Curé de Mazé,

En réponse à son Mémoire.

MONSIEUR ET ANCIEN AMI,

VOUS avez cru devoir en appeler à l'opinion publique du jugement rendu contre vous par votre Evêque. Je viens de lire le Mémoire que vous avez fait imprimer pour votre justification, et que vous m'avez adressé. Je l'ai lu, vous le dirai-je, avec les préventions de l'amitié. Malgré tout le respect qu'un inférieur doit avoir pour les décisions de son supérieur, malgré la confiance que m'inspiraient l'extrême bonté, la sagesse et la prudence bien connues de notre respectable Prélat, j'avais peine à me persuader que vous fussiez aussi coupable que le supposait une peine aussi sévère. Je souhaitais ardemment que du sein des ténèbres, dont cette malheureuse affaire paraissait enveloppée, jaillît quelque trait de lumière qui dissipât les nuages sinistres amoncelés sur votre tête. Je me disais : la faiblesse humaine est grande, les plus sages se laissent quelquefois prévenir ; peut-être une erreur a-t-elle été la canse d'une mesure aussi rigoureuse, peut-être que celui que j'aimerais tant à voir innocent, réussira à prouver son innocence.

C'est dans de telles dispositions que j'ai lu ce fatal Mémoire. Je dis fatal Mémoire : hélas! la suite de cette lettre ne justifiera peut-être que trop une pareille expression ! J'y ai cherché le langage d'un homme juste, quoiqu'accablé par le malheur ; ce ton calme et modéré qui convient si bien à une conscience pure. Je croyais y trouver des preuves solides et lumineuses qui eussent dissipé tous les doutes, et porté la conviction de votre innocence jusque dans les esprits les plus prévenus. Mais qu'y ai-je trouvé ? des récriminations odieuses, des plaisanteries au moins déplacées, des injures adressées à des hommes dont le caractère commande le respect. Que dis-je ? des accusations terribles et mille fois plus graves que celles dont vous vous plaignez d'être victime ; lancées, non pas contre un de vos confrères seulement, mais contre plusieurs, mais contre un Prélat si justement vénéré dans ce diocèse. En un mot (et je souhaite que d'autres n'ayent pas éprouvé la même impression), je n'ai vu partout que l'amour-propre blessé ; il ne m'a semblé entendre que l'expression du dépit, que l'accent de la haine, le cri de la vengeance.

Alors je n'ai pu m'empêcher de faire de tristes réflexions sur les suites probables d'une telle apologie. Il m'a semblé que loin de vous reconquérir l'estime publique, elle achevera de vous perdre dans l'opinion des hommes sensés et religieux. Oui, je l'avoue, votre justification m'a fait plus de peine que la sentence même qui l'a motivée.

Cependant si vous n'aviez attaqué que la personne de quelques-uns de ceux que vous appelez vos calomniateurs; si, vous bornant à une légitime défense, vous n'aviez blessé que des intérêts particuliers, je me serais bien gardé de prendre la plume pour vous répondre. J'aurais gémi en silence sur vos malheurs, j'aurais laissé à ceux que vous auriez blessés le soin de se défendre, ou plutôt le plaisir et le mérite de vous pardonner.

Mais d'apologiste devenu vous-même accusateur, les attaques que vous dirigez contre le chef du clergé de ce diocèse et contre ses principaux membres, tendent à flétrir dans l'opinion un corps respectable dont je m'honore de faire partie. En compromettant des ministres de la religion, vos confrères, vos supérieurs, vous avez compromis les intérêts si saints, si sacrés de la religion elle-même. Vos paroles tendent évidemment à jeter dans l'esprit des peuples de vaines et dangereuses craintes sur les suites de l'accomplissement d'un devoir essentiel. D'aussi graves considérations ne m'ont pas permis de garder le silence ; et, quoiqu'il dût m'en coûter pour combattre un ami, j'ai cru devoir sacrifier mes affections particulières à l'honneur du corps auquel nous appartenons tous les deux, et surtout à l'honneur mille fois plus précieux de la religion dont tous les deux nous sommes les ministres. J'ai cru que par cela seul que j'étais votre ami, vous ne seriez pas tenté de me supposer aucun motif de ressentiment ni de haine, et que toutes mes observations vous paraîtraient dictées par l'amour de la vérité, et le zèle bien entendu de vos véritables intérêts.

Absolument étranger à toutes les causes qui ont pu faire éclater sur vous un si violent orage, j'étais si loin de prévoir de pareils événemens, que déjà, depuis plusieurs jours, le coup était porté, et je l'ignorais. A la première nouvelle que j'en eus, ne consultant que mon cœur, ne voyant en vous qu'un ami malheureux, je vous écrivis pour vous consoler et vous offrir tous les moyens de défense qui seraient en mon pouvoir.

Je n'ai donc aucune connaissance personnelle des accusations portées contre vous, ni des faits qui ont motivé la sentence dont vous êtes frappé. Aussi n'entrerai-je point dans le fond de cette déplorable affaire. Je ne me mettrai au nombre ni de vos accusateurs ni de vos juges; je ne jugerai que votre Mémoire. Et puisque vous faites une appel solennel à l'opinion, je vous dirai la mienne sur les moyens de défense que vous employez.

Je commence par vous exprimer mon étonnement sur la hardiesse avec laquelle vous rejetez sur vos supérieurs le scandale que vous prévoyez devoir résulter de votre écrit. Vous n'hésitez pas à prononcer contre eux cette effrayante malédiction de l'Evangile : « Malheur à celui par qui le scandale arrive! » Comment avez-vous pu, sans frémir, articuler ces terribles paroles? N'avez-vous pas craint que la malédiction que vous invoquez, ne retombât sur votre tête? Car quel est celui qui donne le scandale, d'un supérieur qui châtie son inférieur, parce qu'il a sans doute de justes raisons pour le traiter ainsi; ou d'un inférieur qui, loin de se soumettre, crie à l'oppression, à l'injustice; appelle la vengeance divine et humaine sur ceux qu'il nomme ses persécuteurs, les accuse d'avoir violé les devoirs les plus sacrés, et expose ainsi les chrétiens faibles et ignorans à rejeter sur la religion elle-même les fautes dont il charge ses ministres? Voilà bien, je crois, le véritable auteur du scandale; celui qui encourt la malédiction prononcée dans l'Evangile; et celui-là, quel est-il? Voyons si la suite nous le fera connaître.

Je ne me permets aucune remarque sur les éloges flatteurs que vous vous donnez si libéralement à vous-même, ou que, par modestie sans doute, vous placez dans la bouche des acteurs que vous mettez en scène. Quelque lecteur malin y verra peut-être des complaisances, de l'amour-propre. Je ne parlerai point des traits d'esprit, des pointes fréquentes, quelquefois malignes, dont votre écrit est assaisonné, et qui paraissent convenir peu à un sujet si grave et si sérieux. Je m'abstiens même de qualifier la singulière liberté que vous vous donnez, de produire des lettres et des conversations de vos amis, qui n'ont aucun rapport direct à votre affaire, et qui pourraient semer entre eux la division : assez d'autres y verront un abus de confiance impardonnable. J'arrive de suite aux faits.

Vous servant encore d'une parole de l'Evangile, pour exprimer votre ressentiment, vous désignez par cette qualification odieuse (*l'homme ennemi* *), un des premiers ecclésiastiques de ce diocèse. Vous prétendez qu'à peine arrivé au poste éminent qu'il occupe, poste dont vous deviez partager avec lui les travaux et les succès, il conçut contre vous la plus sombre jalousie, la haine la plus violente. Vous ne balancez pas à assigner pour cause de cette basse et vile passion, dont il faut le croire atteint sur votre pa-

(*) Tous les mots en *italique* sont les paroles du Mémoire.

role, les succès trop éclatans de votre ministère, les applaudissemens universels que vous receviez, la considération presqu'exclusive que vous deviez à *vos talens et à vos vertus;* et vous faites envisager votre sortie de S.t-Maurice comme le premier effet de la haine de votre ennemi. Remarquez que tant d'assertions, et d'assertions si injurieuses, sont entièrement dénuées de preuves. Que dis-je? vous en apportez des preuves; mais de quelle nature? une lettre confidentielle, une conversation secrète d'un ami. Ah! sans doute vous avez sur l'honneur et ses devoirs d'autres notions que le commun des hommes. J'avais cru jusqu'à présent, qu'on ne pouvait, sans rougir, se servir de pareilles ressources.

Mais si j'ai le droit de ne pas vous croire sur parole, quand vous accusez, je n'ai pas celui de vous démentir : car si ce que vous avez dit jusqu'à présent n'est pas vrai, au moins n'est-il pas absolument invraisemblable. En effet, il est malheureusement dans la nature, qu'un homme, même vertueux, conçoive de l'ombrage des succès d'un rival; que, tout en combattant ces sentimens, il s'en laisse dominer jusqu'à un certain point, et voye s'éloigner avec un plaisir involontaire, celui dont la présence pourrait blesser son amour-propre. Je ne vois là qu'une faiblesse et non pas un crime; et une semblable conduite ne suppose encore ni basse jalousie, ni haine violente. Je suis loin d'attribuer même cette faiblesse au personnage en question ; mais je dois vous accorder tout ce que je puis, afin de pouvoir vous combattre avec plus d'avantage sur le reste.

L'homme ennemi, dites-vous, ne s'en tient pas là. Non-content d'un premier succès, peu satisfait de vous avoir jeté dans une disgrâce profonde, celle d'être mis à la tête *de la plus grande paroisse du diocèse;* voilà qu'effrayé des merveilles qu'opèrent à Mazé, et jusque dans les paroisses voisines, *vos talens et vos vertus*, ainsi que *les talens et les vertus de votre estimable vicaire*, sa haine et sa jalousie se réveillent. Il forme aussitôt le plan d'une vaste conspiration; il prend des *moyens infernaux*, non-seulement pour vous perdre, mais même pour empêcher les heureux effets de votre ministère. Il joint à la haine la plus noire perfidie. Il vous flatte, il vous caresse, mais ce n'est que pour mieux cacher les piéges que déjà il vous tend. Il vous entoure d'espions, il sème partout le mensonge et la calomnie. Puis, pour me servir d'une comparaison, peut-être un peu trop poétique, mais très-juste, semblable à cet insecte hideux qui ne vit que de sang et de carnage, mais qui, n'osant attaquer de front sa proie, lui tend d'inévitables filets, et attend qu'elle y soit engagée pour la dévorer en sûreté; l'homme ennemi, après avoir dressé ses batteries, tendu ses piéges, aussi patient qu'adroit dans sa haine, attend le moment favorable pour porter le dernier coup.

Voilà exactement, si je ne me trompe, le portrait que vous nous faites de celui que vous regardez, sinon comme le seul, du moins comme le principal auteur de tous vos malheurs. Il me semble que pour un juste persécuté, vos sentimens ne sont guères charitables, et vos expressions sont bien peu modérées! Mais revenons au sujet.

Il faut donc que tous vos lecteurs, pour vous regarder comme une victime de la calomnie, croyent que le personnage que vous nommez l'homme ennemi, mais que vous désignez assez d'ailleurs pour que chacun le reconnaisse; il faut, dis-je, croire qu'il ait sacrifié sa conscience d'homme, de chrétien, de prêtre, à un ressentiment aussi cruel que gratuit, puisque vous ne lui en aviez donné aucun sujet, et que toute rivalité avait dû cesser par votre éloignement; qu'abjurant à la fois tout sentiment d'humanité et de religion; surtout, qu'oubliant de la manière la plus étrange l'esprit de son état, qui est la charité même, il ait employé contre un collègue, un ami, les moyens les plus vils, les menées les plus coupables, l'intrigue la plus odieuse, la perfidie la plus noire; et cela, sans aucun intérêt qu'une vengeance qui ne peut avoir de motif.

Qui pourra croire une telle atrocité? Ne vous appercevez-vous pas que vous calomniez l'humanité elle-même? Non, j'en appelle à la conscience de tous les hommes; de pareils sentimens ne sont pas dans la nature. On conçoit qu'un malheureux que la faim presse attente à la vie de son semblable, pour obtenir les moyens de la satisfaire; qu'un homme outragé violemment cherche dans sa fureur à assouvir sa vengeance: mais que sans motif possible de haine, sans pouvoir en recueillir aucun fruit, il poursuive avec tant d'acharnement, il déshonore avec une atrocité aussi froide, un confrère, un ami! Ah! tout homme qui a la moindre connaissance du cœur humain, s'écriera: un tel crime est faux, parce qu'il est impossible; votre propre ressentiment vous égare, vous aveugle; et malheureusement pour vous, si la haine de votre ennemi est inexplicable, le motif de votre colère se devine assez.

Cependant c'est peu encore, et nous ne sommes pas parvenus *au comble de l'abomination*. L'homme ennemi ne pouvant pas lui seul venir à bout de ses odieux desseins, il lui faut des complices; il en trouve, sans doute parmi les ennemis de sa victime. Non! et chose vraiment inexplicable, c'est parmi les amis les plus intimes de M. Pinot. Ce sont de ses anciens élèves, de ses amis d'enfance; ce sont des hommes âgés qui l'ont vu naître, qui jusque-là l'ont chéri comme leur fils ; ce sont d'ailleurs des hommes qu'on ne peut tromper (et que le lecteur remarque bien ce point capital), car ce sont ses plus proches voisins, qui tous les jours sont à portée de le connaître, comme de découvrir la calomnie s'il elle existe ; ce sont tous sans exception, des hommes distingués par leurs lumières, jouissant de la réputation la mieux établie et la mieux méritée, des ecclésiastiques zélés et vertueux ; ce sont enfin de pareils hommes que l'ennemi tente de corrompre, et il y réussit. Il leur communique toute sa haine ; en un instant il allume dans leur cœur la même soif de vengeance qui dévore le sien. Il faut, pour mettre à exécution un projet dont sûrement personne ne concevra l'importance, que tous sacrifient leurs devoirs les plus sacrés, étouffent les remords de leur conscience (car je l'observe derechef, ils ne peuvent être abusés) ; il faut encore que, pour servir la haine d'autrui, ils se chargent eux seuls de tout l'odieux du complot ; car l'ennemi aussi rusé que méchant, se cache dans l'ombre. Ils devront lui servir d'agens, de satellites ; jouer chacun le rôle qu'il lui plaira de leur donner ; tour-à-tour être amis perfides, délateurs injustes, infâmes calomniateurs : en un mot, il faut qu'ils soient encore plus vils, plus faux, plus méchans, plus criminels, plus monstres (l'expression n'est pas trop forte) que leur monstrueux patron.

Ah! de bonne foi, un homme que la colère n'aveuglerait pas, pourrait-il espérer faire croire, sur son seul témoignage, à de si révoltantes horreurs? Je le répète, ne calomniez pas à ce point la nature humaine. Jamais ces sentimens n'ont existé sur la terre. Laissez-les à ce séjour d'horreur et de désespoir, où les malheureux que la justice divine y a condamnés à des supplices éternels, n'y vivent que pour haïr et blasphémer!

Ainsi tout cet échafaudage d'accusations tombe de lui-même; et malgré l'espérance que vous paraissez en concevoir pour le succès de votre cause, il se tourne contre vous. Car si ceux que vous accusez, non pas seulement d'une faute ou d'une faiblesse, mais bien d'un crime horrible et sans exemple, en sont innocens, comme il est démontré par l'impossibilité même d'un pareil complot, n'en résultera-t-il pas qu'on vous regardera vous-même comme un calomniateur, et que les fautes ou les faiblesses qui ont motivé votre condamnation ne sont que trop réelles?

Voyons maintenant si vous réussirez mieux dans un autre moyen de justification. Vous dites que, parmi ces moyens qu'on a employés pour vous perdre, il y a eu une révélation de confession. Une révélation de confession! l'ai-je bien entendu! oui! et de crainte qu'on ne l'oublie, vous affectez de le répéter plusieurs fois!

Avant d'aller plus loin, souffrez que je vous fasse remarquer votre imprudence; car s'il n'y a pas révélation de confession, quelle calomnie! s'il y a révélation de confession, donc il y a eu des fautes commises, des fautes graves; et cependant ailleurs vous vous dites innocent de toutes celles dont on vous accuse. Quelle contradiction! Je ne vois pas d'issue pour vous tirer de ce mauvais pas.

Mais pour vous perdre, on a révélé le secret de la confession! c'est-à-dire, on a violé le devoir le plus saint, le plus sacré, celui dont la violation aurait pour la religion les suites les plus funestes! Quoi! ce secret dont l'observance a été gardée depuis tant de siècles avec une si merveilleuse discrétion, qu'on ne peut expliquer un pareil prodige sans admettre l'intervention spéciale de la Providence; quoi! ce secret confié à tant d'hommes faibles comme les autres hommes, tant de prêtres indignes de leur caractère, tant d'apostats, et qui cependant a été gardé avec tant de fidélité dans les temps les plus orageux de l'église, et surtout pendant notre malheureuse révolution, où tous les crimes, tous les genres d'impiété étaient non-seulement permis, mais encouragés, où on pouvait avoir tant d'intérêt à le découvrir; en un mot, ce secret si saint, si inviolable, si au-dessus de tous les secrets naturels, qu'il n'y a pas de raison possible qui puisse autoriser à le révéler, fût-ce le salut d'un empire; ce secret vient d'être révélé, et par qui? par des pasteurs aussi éclairés que vertueux! et pour quel grand intérêt? pour faire sortir M. Pinot de Mazé!!!

Ce n'est pas tout; M. Pinot savait bien ce que le public peut-être ne sait pas: que, dans quelques circonstances, un confesseur peut donner le conseil d'instruire extérieurement le supérieur des désordres qui se passent dans une paroisse; mais qu'un prêtre, qu'un évêque, fût-ce le souverain pontife lui-même qui recevrait communication d'un fait connu seulement par la confession, et qui en profiterait, serait révélateur lui-même. Ainsi non-seulement *ce brouillon* dont vous parlez, est un révélateur sacrilège; mais vos amis, vos voisins, qui auraient selon vous accueilli avec empressement cette révélation, sont des révélateurs sacrilèges. Mais notre digne et vénérable prélat, mais tout son conseil, tout l'évêché dont *les portes sont toujours ouvertes à de pareilles révélations;* enfin tout ce que le diocèse a de personnages plus respec-pectables, sont des révélateurs sacrilèges! Quelle audace, a-t-on le droit de s'écrier! quelle effronterie! et il n'y a point là d'exagération! Ce sont vos propres paroles, ou les conséquences qui en découlent nécessairement. A quel excès la passion vous emporte! se peut-il que vous ayez cru vous justifier par un langage si hors de toute mesure? Voilà donc à quoi se réduit toute votre défense!

Car je n'entre point dans la discussion du fait particulier que vous citez; je ne releverai point l'invraisemblance de *ces menées de jeunes étourdies*, menées que vous connaissiez si bien par avance; ni de ces déclarations de *fautes imaginaires* dont *quelques malheureuses* auraient affronté la honte pour le seul plaisir de vous nuire. Je ne ferai qu'une observation qui pourra servir à faire apprécier tant et de si étranges allégations. Vous dites :

« Je suis innocent; rien n'est plus certain, puisque » je l'assure à la face du ciel et de la terre; puisque » mon vicaire, *personnage grave*, l'a assuré de même » à tous mes paroissiens. Voulez-vous connaître les » vrais coupables? Les voici : C'est d'abord l'homme » ennemi, puis mes amis, mes confrères, mon » évêque, son conseil. Ils sont coupables, non d'une » faute légère et que la faiblesse de l'humanité ren- » drait en quelque façon excusable, mais d'un crime » atroce, d'une prévarication horrible. Ils ont abusé » de ce que leur ministère a de plus sacré. Ils ont » violé à la fois les lois divines et humaines. Et » ce que vous devez croire encore, tout invrai- » semblable qu'il soit, c'est que tous ces crimes, » toutes ces trahisons, toute cette conspiration, en » un mot, tout ce grand fracas n'avait pour but » que de faire sortir de sa paroisse un desservant » de Mazé !!! »

Je ne sais quelle idée vous vous êtes formée de vos lecteurs ; mais je doute que beaucoup soient flattés que vous ayez cherché à leur faire croire des choses si incroyables. Il faut que vous ayez étrangement compté sur leur crédulité. Sans doute vous avez espéré qu'ils partageraient votre ressentiment, et qu'ils verraient toutes ces choses du même œil que vous les voyez vous-même. Mais détrompez-vous. La plupart liront votre Mémoire de sang froid. La meilleure partie a une juste vénération pour les personnages que vous peignez sous des traits si affreux. Pouvez-vous raisonnablement espérer qu'abjurant tout-à-coup des sentimens aussi honorables pour eux que pour ceux qui les ont inspirés, ils passent dans un instant, de l'estime au mépris, du respect et de l'amitié à l'outrage et à la haine? Cette prétention serait aussi absurde qu'injuste. Je crains bien plutôt qu'ils ne rejettent sur vous le blâme que vous voulez deverser sur tant de personnages respectables, et qu'ils ne vous regardent comme un homme troublé par le dépit, qui, voulant faire arme de tout contre ceux qu'il croit ses ennemis, n'est pas assez maître de lui pour s'apercevoir que celles dont il se sert, se tournent contre lui-même, et le blessent au lieu de le défendre.

Vous vous plaignez beaucoup de la manière dont a été rendu le jugement dont vous êtes frappé. D'abord, ce jugement n'est-il pas plutôt une grâce qu'on vous a faite, qu'une injustice? Car votre supérieur n'avait pas besoin de toutes ces formalités pour vous faire sortir de Mazé. Sa seule volonté suffisait pour cela. Il n'était pas même obligé de vous donner, dans ce cas, les raisons de sa conduite. Mais s'il a voulu vous mettre en présence de vos accusateurs, sans doute c'était pour que vous pussiez les convaincre d'erreur ou de mensonge. *Ces juges à figure sinistre* étaient vos pairs, vos amis; du moins s'ils avaient cessé de l'être, pourquoi voulez-vous me faire croire que ce soit sans raison, ou plutôt contre toute raison? Si leur figure qui n'a jamais paru sinistre qu'à vous, vous a causé tant d'effroi, vous seul pouvez expliquer cette singularité. On vous a surpris, dites-vous; vous n'avez pu vous défendre; mais, de votre aveu même, l'orage grondait depuis deux ans sur votre tête; vous connaissiez toutes les trames, toutes les intrigues dont vous étiez l'objet. Vous deviez donc avoir toutes prêtes les preuves de votre innocence et de la perfidie de vos ennemis. Vous ne pouviez donc être pris au dépourvu. Si vous êtes resté muet, si vous vous êtes manqué à vous-même dans une occasion aussi importante, et malgré vos talens et les ressources de votre esprit, quelle peut en être la cause? Malheureusement pour vous, elle paraît toute naturelle; tout le monde la devine, les moins clairvoyans ne la voyent que trop.

Il vous paraît très-plaisant de vous égayer sur la faiblesse prétendue d'un supérieur vénérable, parce qu'il a changé plusieurs fois de dispositions à votre égard. Mais que répondriez-vous à un lecteur impartial qui s'expliquerait ainsi cette apparente inconstance?

« Loin de m'en rapporter au dire d'un inférieur
» aigri par un châtiment sévère, mais qui peut bien
» être juste, n'est-il pas plus naturel de penser que
» ce juge, connu de tout le monde pour son extrême
» bonté, touché des marques de repentir que mon-
» trait l'accusé à chaque plainte portée contre lui,
» ou, trompé par les artifices, d'autant plus faci-
» lement qu'il lui en coûtait plus pour le croire
» coupable, lui accordait toujours un nouveau par-
» don, jusqu'à ce que, voyant les intérêts de la
» religion compromis par une indulgence qui serait
» réellement alors devenue faiblesse, il s'est résolu
» malgré lui à une rigueur nécessaire!

» Alors, de quel œil verrai-je un homme qui
» tire parti de la bonté même de son juge, pour
» jeter sur lui l'odieux et le ridicule? N'est-ce pas
» là le comble de l'ingratitude? et n'aurai-je pas le
» droit de regarder comme la plus mauvaise des
» causes, celle qu'on ne peut défendre que par de
» tels moyens? »

Vous apportez encore en preuve de la pureté de

votre conduite et de l'injustice de vos ennemis, la considération dont vous jouissiez dans votre paroisse et ailleurs. A Dieu ne plaise que j'aye l'intention de faire croire à personne que cette considération soit moins universelle que vous ne le dites, ni moins méritée ! Mais le fût-elle encore davantage, vous n'en avez pas moins tort de l'apporter en preuve de votre innocence ; car cette preuve, comme les précédentes, ne prouve rien.

En effet, les fautes qu'on vous reproche ne sont pas probablement de ces fautes commises au grand jour ; de ces fautes que tout le monde connaît ; de ces délits prévus par les lois civiles qui vous auraient exposé à la honte d'une condamnation publique. Mais n'y a-t-il pas d'autres faiblesses excusables jusqu'à un certain point dans un laïque, qui peuvent rendre un prêtre, surtout un pasteur, coupable, très-coupable, et même inhabile à remplir avec fruit les fonctions du saint ministère ? Ces fautes ne sont-elles pas de nature à être ensevelies dans les ténèbres ? Ne prend-on pas tous les moyens pour les couvrir du voile du mystère ? Ne sont-elles pas connues seulement d'un petit nombre de personnes peut-être intéressées à ne pas révéler le fatal secret ? N'est-il pas naturel que celui qui les a commises affecte un extérieur d'autant plus composé que l'intérieur est plus déréglé ? N'est-il pas possible qu'il réussisse à jouer si bien son personnage, que les plus clairvoyans y soient trompés, surtout lorsque cet homme est plein d'adresse, d'esprit, de finesse?

Mais le supérieur responsable à Dieu, lorsqu'il connaît de pareils désordres, n'a-t-il pas lieu de craindre que le mal dont le pasteur est atteint, et qui a déjà fait des ravages, ne gagne à la fin tout le troupeau, et que bientôt la contagion soit absolument sans remède? N'est-il pas de son devoir alors de sévir contre un pasteur infidèle qui abuse d'un ministère sacré, qui perd les âmes au lieu de les sauver, ne fût-ce que pour éviter un scandale toujours imminent, et que le moindre événement peut faire éclater?

Certes, je suis loin de vous accuser de semblables fautes. Je ne veux que vous faire voir la faiblesse de vos preuves, et le tort que votre Mémoire lui-même peut vous faire dans l'opinion publique à laquelle vous en appelez.

J'ai encore un devoir à remplir, celui de justifier ceux de vos amis qui ont cru devoir prendre une part plus ou moins active aux causes qui ont amené votre destitution. A la vérité, vous leur pardonnez; mais ce pardon généreux en apparence, est en effet perfide, puisqu'il suppose toujours une erreur ou une faute. Or, ils n'ont commis ni l'une ni l'autre.

Il est tellement démontré qu'il n'ont pu être abusés, que cela peut être posé en principe. Il est également démontré que le complot qu'ils auraient formé sciemment est absurde. Que reste-t-il donc ? que vous les calomniez. Funeste conséquence, mais conséquence rigoureuse, et qui jette une lueur affreuse sur les ténèbres dont vous vous enveloppez !

Mais au moins, dites-vous, n'ont-ils pas manqué aux devoirs de l'amitié, en se portant eux-mêmes mes accusateurs. Vain sophisme, facile à réfuter! Oui, sans doute, l'amitié impose des devoirs; mais la religion, mais la conscience n'en imposent-elles pas de plus grands encore? Mais lorsqu'il faut sacrifier ou les uns ou les autres, qui pourrait balancer? L'amour que nous devons avoir pour tous les hommes, le zèle surtout qu'un prêtre doit ressentir pour le salut des âmes, ne doit-il pas l'emporter sur toute affection particulière? Prouvez maintenant que vos amis n'ayent pas dû s'imposer ce pénible sacrifice.

Voilà donc le triste résultat de votre Mémoire, celui de vous perdre dans l'esprit de ceux mêmes qui auparavant vous étaient les plus favorables ! Telle est du moins l'impression qu'il a produite sur moi. Avant la publication de ce fatal Mémoire, je vous plaignais ; mais il me restait l'espoir de vous voir bientôt ou justifié ou repentant. Depuis que je l'ai lu, je vous plains encore, et d'autant plus que je ne puis m'empêcher de vous blâmer ; et que je n'ose plus compter ni sur votre justification ni sur votre repentir. Que vous devez être malheureux ! car qu'est-ce qui peut vous consoler ? Ah ! sans doute, ce n'est pas le suffrage de ces hommes pour qui un scandale est une jouissance, qui saisissent avec avidité l'occasion de le grossir et de l'étendre, qui sont toujours prêts à prendre parti contre l'autorité quelle qu'elle soit. Vous repousserez leur importune obligeance : vous avez l'esprit trop juste pour ne pas sentir que de pareils avocats nuiraient à votre cause.

Si donc vous voulez avoir celui de vos amis, de vos confrères, des hommes religieux (et celui-là doit vous paraître seul digne de vous), ou prouvez mieux votre innocence ; ou, si vous êtes coupable, n'oubliez pas qu'après une faute, le seul parti honorable c'est le repentir....... Mais je m'arrête, vous connaissez vos devoirs, puisse le ciel vous donner la force de les remplir !

29 *septembre* 1826.

LECONTE, Desservant de Champtocé,

ancien ami de M. Pinot.

www.ingramcontent.com/pod-product-compliance
Ingram Content Group UK Ltd.
Pitfield, Milton Keynes, MK11 3LW, UK
UKHW012130240726
13965UKWH00005B/2080